Egres Weisbrod
Eva Ramírez

100
MENSAJES
PARA MIS HIJOS

MENSAJES
PARA MIS HIJOS

EDICIONES OBELISCO

Si este libro le ha interesado y desea que le mantengamos informado
de nuestras publicaciones, escríbanos indicándonos qué temas son de su interés
(Astrología, Autoayuda, Ciencias Ocultas, Artes Marciales, Naturismo,
Espiritualidad, Tradición...) y gustosamente le complaceremos.

Puede consultar nuestro catálogo en www.edicionesobelisco.com

Los editores no han comprobado la eficacia ni el resultado de las recetas,
productos, fórmulas técnicas, ejercicios o similares contenidos en este libro.
Instan a los lectores a consultar al médico o especialista de la salud ante
cualquier duda que surja. No asumen, por lo tanto, responsabilidad alguna
en cuanto a su utilización ni realizan asesoramiento al respecto.

Colección Psicología
100 MENSAJES PARA MIS HIJOS
Egres Weisbrod y Eva Ramírez

1.ª edición: mayo de 2017

Diseño: *Màrius Martínez*
Maquetación: *Isabel Estrada*
Corrección: *M.ª Jesús Rodríguez*

Edita: Ediciones Obelisco, S. L.
Collita, 23-25. Pol. Ind. Molí de la Bastida
08191 Rubí - Barcelona - España
Tel. 93 309 85 25 - Fax 93 309 85 23
E-mail: info@edicionesobelisco.com

ISBN: 978-84-9111-220-4
Depósito Legal: B-8.517-2017

Printed in Spain

Impreso en Gráficas 94, Hermanos Molina, S. L.
Polígono Industrial Can Casablancas
c/ Garrotxa, nave 5 - 08192 Sant Quirze del Vallès (Barcelona)

A Emma, que me pone a prueba
y alimenta mi inspiración.

A mis hijos... Papá os quiere mucho.
Gery, eres mi hijo preferido.
Laura, eres mi hija mayor preferida.
Y tú, Gemma, eres mi hija pequeña preferida.

Agradecimientos

Este libro ha sido posible gracias a infinidad de cosas pero, sobre todo, gracias al amor que mis padres me profesaron.

Mi madre me enseñó lo que significa la complicidad. Siempre me hizo sentir especial y protegido. Mi padre me retaba en todo lo que hacía, me enseñó los valores con el ejemplo y a ser independiente. Mis hermanos me ayudaron a ser como soy; con ellos aprendí sobre la lealtad y la fidelidad incondicional para saber estar cuando alguien te necesita. Mi mujer fue quien me enseñó a educar a nuestros hijos desde el amor, a ser flexible y a no dar importancia a las cosas que no la tienen; con ella aprendí a vivir el aquí y el ahora. Mis hijos pasaron por alto mis errores; con nuestros abrazos, besos y momentos estelares me han mostrado que no existe nada como el amor verdadero.

Ahora, cuando hablo de amor o de amar a los que me rodean, sé que lo consigo si soy capaz de amar a otro como amo a mis hijos. Amar y agradecer es, posiblemente, la pócima mágica para vivir una vida plena, sea cual sea la circunstancia que te toca vivir y, por eso, hago extensivo mi agradecimiento a los amigos que siempre estuvieron a mi lado en la adversidad y en la prosperidad, en el éxito y en el fracaso, sin dejar de llamarme en ningún momento para preguntar por mí: ellos saben quiénes son.

A los incondicionales que están a mi lado en el trabajo, sin desfallecer ante los retos que nos pone la vida.

A los maestros que dejaron huella en mi vida: John Demartini y Tony Robbins.

Para finalizar, decir que este libro también ha sido posible porque Eva, la coautora, me hizo sentir, con su determinación, la importancia de compartir nuestras vivencias y universalizar este mensaje, ya que el amor no tiene dueño.

Egres Weisbrod

Durante el proceso de creación y gestación de un libro son muchas las personas que contribuyen, incluso sin ser conscientes, a que un proyecto se acabe convirtiendo en aquello que una desea. De ahí que los agradecimientos sean muchos y diversos.

En primer lugar, agradezco la confianza absoluta de mi compañero de viaje J. A. Rodrigo, que desde sus silencios siempre me acompaña y me ilumina; la inspiración mágica y amorosa de mis hijas Emma y Alba y el apoyo incondicional y sin fisuras de mi hermana Lidia. A mi hermano Raúl le agradezco el haberme mostrado el poder de la diferencia, a Dani y a Álex les agradezco haberme mostrado el poder de la aceptación. A mi madre, su infatigable colaboración que nunca falla. A mi padre, que me haya facilitado las mejores condiciones para crecer: aunque muchas han sido adversas, sin duda, han sido las idóneas para estimular mi mejor versión.

Les debo un agradecimiento especial a mis hermanas del alma: Paola y Yael. A Paola por enseñarme a vivir con entusiasmo y por el valor inmenso de los terceros viernes de cada mes; a Yael por aceptar mi invitación a descubrir —de la mano— el auténtico espectáculo de la vida y regalarme la fórmula para gozarlo. También a Raquel, por creer en mí y recordármelo a cada instante.

Al primer maestro que me regaló la vida, Egres, quien hace veinticinco años me mostró la puerta hacia las infinitas posibilidades, le agradezco la oportunidad de SER; al resto de maestros que han ido llegando les agradezco la oportunidad de conocer quién SOY.

A mis compañeros de Mikahgrup y a todo mi entorno familiar, social y profesional les agradezco la motivación que me regalan a diario.

Eva Ramírez

Introducción

La semilla que da luz a este proyecto surge, como todas las cosas hermosas, del amor incondicional a la vida y, en este caso en particular, del amor a los hijos.

La historia empezó hace un par de años, cuando uno de los hijos de Egres se marchaba de casa para emprender un proyecto empresarial. Todos los indicadores predecían un éxito rotundo pero la realidad —desafiante ante cualquier pronóstico— convirtió el sueño de un joven muchacho, que con apenas veintitrés años afrontaba su primera incursión en el mundo de los negocios, en una pesadilla que duró varios meses.

Las situaciones límites potencian la creatividad, pero cuando lo que te lleva al límite es el sufrimiento de un hijo, la creatividad de un padre o una madre crece y se multiplica exponencialmente. De ahí que Egres se las ingeniara para que su hijo, que por primera vez se encontraba lejos del núcleo familiar, disfrutara del aprendizaje que le aportaba aquella vivencia y no percibiera la distancia y la soledad física como un desacelerador que mermaba su equilibrio emocional.

A falta de tres meses para que el contrato comercial llegara a su fin y su hijo pudiera regresar a casa, Egres decidió que todos los días le enviaría un mensaje para apoyarlo y acompañarlo en esta última etapa de la aventura. El objetivo era transmitirle su amor y facilitarle herramientas que le hicieran más llevadera la situación y contribuyeran a mantener su ánimo elevado.

Empezó creando un chat en el que incluyó a su esposa y al resto de sus hijos y activó su compromiso de inmediato. Durante cien días, les envió un mensaje, y a través de anécdotas familiares, recuerdos compartidos y lecciones de vida, Egres encontró una vía para superar la distancia, fomentar la comunicación con sus hijos y expresar el amor incondicional que le une a su familia.

Este capítulo de la vida de los Weisbrod finalizó con el aprendizaje que conlleva toda situación y con una anécdota entrañable que añadir a su repertorio familiar: el ingenio de papá para transformar una situación complicada en un reguero de amor dosificado en cien mensajes.

Pasado algún tiempo, Egres recuperó las conversaciones del chat con la intención de convertirlas en un libro que, además de un hermoso regalo para los suyos, serviría para inspirar a otros padres a través de su historia personal. Y en ese punto es donde empiezo a formar parte de este proyecto.

Egres, a quien conozco hace muchos años y al que me une una profunda amistad, me pidió asesoramiento profesional para darle vida a su idea pero, por diferentes motivos personales y de financiación, el tema quedó aparcado.

Llegó el verano y entre el jolgorio estival y el calor mediterráneo, la escritora que habita en mí aprovechó las vacaciones para planificar nuevos proyectos. Recopilando documentación para una novela, apareció, de nuevo, el archivo que Egres me hizo llegar en su día y lo releí. Me divertí con las anécdotas cotidianas, me emocioné con algunos de los mensajes y, sobre todo, me conmovió el gesto de Egres para con sus hijos.

Está claro que el potencial del amor no tiene límites y mi ingenio y creatividad también se encontraban en plena expansión, gracias a mi hija adolescente. Aquella noche no pude dormir. En mi cabeza rondaba la posibilidad de cambiar el enfoque y transformar el libro en un proyecto que transcendiera lo personal utilizando un mensaje directo y universal con el que pudiera identificarse cualquier familia del mundo, independientemente de su clase u origen; en un recurso innovador y atractivo que contribuyera a derribar la barrera generacional y se convirtiera en un aliado para transmitir múltiples conocimientos; en un instrumento para humanizar las nuevas tecnologías y ponerlas al servicio de los valores esenciales; en una nueva fórmula para despertar conciencias a través de las redes sociales.

Egres y yo, además de una estrecha amistad, también compartimos el propósito de contribuir a dejar este mundo un poco mejor de como lo encontramos, así que cuando le expuse recuperar el proyecto con esa nueva visión no lo dudó ni un instante. Desde ese momento, empezamos a trabajar, codo con codo, sumando vivencias, valores y aprendizajes y multiplicándolo por un factor común: el amor incondicional a nuestros hijos.

El resultado está en tus manos.

¡Buenos días, hij@!

He decidido que durante 100 días te enviaré mi amor en forma de mensajes. Quiero que tu corazón sienta lo importante que eres para mí, para esta familia y para el mundo.

Lo primero que me gustaría compartir contigo son las cuatro reglas de oro para vivir en plenitud. A mí me han funcionado. Y estoy segur@ que a ti también. ¡Ahí van!

1-Nada ni nadie puede impedirte ser la mejor versión de ti mism@.
2-Pon el corazón en todo lo que hagas, aunque en ocasiones te duela un poco.
3-Ama a todas las personas por lo que son; no intentes cambiarlas.
4-Agradece todo lo que eres, lo que haces y lo que tienes.

Con amor y gratitud, la vida será como tú deseas.

¡Buenos días, hij@!

Y a ti, ¿qué te hace saltar de la cama? ¿Qué te motiva? ¿Qué impulsa tu vida y dibuja una sonrisa enorme en tu cara y en tu corazón 🖤? ¡Tu misión es dar con ello!

Dispones de infinitos recursos para encontrarlo: libros 📚, cursos, películas 🎬, música , conversaciones entre amig@s y otras muchas fuentes de conocimiento.

¡Empieza ya! Conecta con algo que te entusiasme, que le dé sentido a tu vida. Al principio no sabrás cómo hacerlo pero, poco a poco, encontrarás la manera. No es la primera vez que empiezas algo sin tener ni idea, ¿verdad?

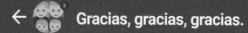
¡Buenos días, hij@!

¿Ya has dado las gracias por lo que eres, por lo que haces y por lo que tienes? Es muy importante empezar el día de esta forma: el agradecimiento tiene la cualidad de multiplicar todo lo bueno, y ¡tienes tanto que agradecer!

Imagina, por un momento, que mañana, cuando te levantes, ha desaparecido todo aquello por lo que no has dado las gracias al acostarte. ¿Puedes hacerte una idea de lo que pasaría? ¡Creo que no!

Te estoy hablando de la salud, la familia , el amor , la casa , el coche y el trabajo, pero también te hablo del sol , del aire que respiras, del agua caliente que sale de la ducha , del colchón en el que duermes, del pan , el jabón, la ropa con la que te vistes, los zapatos que calzas, la luz que te alumbra, la lavadora, la nevera, el ordenador , la conexión de Wi-Fi, el sofá, los arrumacos que das y los que recibes, las piernas para andar, los ojos , los oídos , el abrelatas, la sartén, la playa , el bosque, las flores del parque...

Como puedes ver, la lista es interminable. Y así debe ser tu gratitud.

¡No lo olvides!

¿Estás preparad@, hij@?

Hoy quiero hablarte de una fórmula para triunfar 🏆. Verás, consiste en lo siguiente:

-Ten siempre presentes tus éxitos y sabrás cuáles son tus virtudes.
-Si has tenido éxito una vez, ¡puedes repetirlo! 💪

Es simple, pero funciona. Y te aseguro que ya eres caballo ganador 🏆. Una vez, competiste con cientos de miles para llegar a este mundo y fíjate… ¡Aquí estás!

¡No lo olvides!

¡Buenos días, hij@!

¿Has leído hoy? ¿A qué esperas?
¡La acción es poder! Y marca la diferencia entre los que alcanzan sus sueños y los que se lamentan porque nunca llegarán a conseguirlos. 😏

¿Sabes que donde está tu interés está tu energía? A mí me costó años entenderlo y, aún más, aplicarlo, aunque en realidad es más fácil de lo que parece. Es como cuando decides comprarte un coche 🚗 nuevo y lo ves por todas partes.

Cuando deseas algo intensamente, de manera inconsciente pones toda tu energía en ello. ¡Hazlo conscientemente y no habrá nada que se te resista!

¡Holaaaaaaaaaa, hij@!

¿Sabes de dónde surge el entusiasmo?
El entusiasmo surge de la confianza en ti mismo; de la seguridad que te da saber que puedes conseguir tus objetivos, sin más. 👍

Entonces, esa certeza te da alas, el entusiasmo te hace volar y... ¿sabes lo que ocurre cuando vuelas?

Que contagias a los que están a tu lado, creas emociones y tod@s quieren volar contigo para formar parte del mismo proyecto, ya sea un viaje, un negocio o una fiesta. 🎡🎢🎈

Cree en ti, en lo que piensas, en lo que sientes y el mundo 🌍 estará a tus pies.

¡Buenos días, hij@!

Hay que ponerle tesón y empeño a todo aquello en lo que uno cree.

Escucha otras opiniones, busca el acuerdo y atiende a tu intuición (esa vocecita interior que te dice sí o no). Pero al final, tanto la decisión como la responsabilidad son solo tuyas.

Tú y solamente tú eres responsable de todo lo que te pasa. Tú eres el único responsable de lo que ERES, HACES Y TIENES en todas las áreas de la vida (familiar , de salud, personal, económica , profesional y espiritual).

Nadie más que tú tiene la culpa de lo que te ocurre. Y esto es aplicable a todas las personas del mundo.

Del mismo modo, yo soy el responsable de mi vida. No hay excusa posible. Si me va mal con un amig@, soci@ o pareja ; si tengo sobrepeso, fumo, o no hago ejercicio es producto de mis decisiones. Aceptar esto es liderar tu vida.

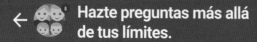
¡Buenos días, hij@! ¿Cómo estás?

Cuando no sepas qué hacer o estés tan abatid@ que te fallen las fuerzas, recuerda que hay una manera para seguir adelante: ¡Hazte preguntas más allá de tus límites!

Pero no vale una pregunta cualquiera, sino preguntas de calidad, preguntas que supongan un reto para ti, que te saquen de tu zona de confort.

Quizá en este momento no le encuentres el sentido 😲, pero lo tiene. Si dominas el arte de autocuestionarte, encontrarás soluciones a cualquier situación que se te presente.

Para ponerlo en práctica, te propongo que selecciones unas cuantas preguntas ¿? poderosas y que las utilices como mantras. Es un buen truco para subir la energía cuando la sientas un poco baja. Te pongo un ejemplo:
-¿Qué haría si supiera que no puedo fracasar?
-¿Cómo y cuándo siento que la ilusión forma parte de mi vida?

Haz una lista de preguntas que te lleven más allá de ti mismo y ¡SÉ TU PROPI@ COACH!

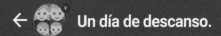
¡Buenos días, hij@!

En la vida también hay que buscar espacios para el descanso y el ocio. Es necesario desconectar del trabajo y los estudios, divertirse, dejar de pensar, relajarse y dormir ocho horas 𝕫ᶻ. El sueño y el descanso tienen un efecto reparador sobre el cuerpo y la mente. Fíjate que incluso Dios descansó el séptimo día.

«El descanso del guerrero» es poder disponer del tiempo ⌛ que necesitas para decidir qué es lo que quieres en la vida.

¿Qué te parece si hoy descansamos?

¡Buenos días, hij@!

Hoy quiero hablarte de la intuición, esa vocecilla interior que te advierte de todo. Cuando estás conectad@ con la fuente del Universo es más sencillo escuchar sus consejos. Cuando eres víctima de la desesperación y el miedo te vuelves sord@.

¿Recuerdas haber estado a punto de hacer una cosa y, de repente y sin saber por qué, algo en tu interior te dice que no lo hagas ? ¡Ésa es la voz de tu intuición! Y nunca se equivoca.

¡Afina el oído y confía en tu intuición! Ella sólo quiere lo mejor para ti.

¿Qué tal estás, hij@?

Hay días en los que un@ no tiene ganas de levantarse ni de ir a trabajar. Encima llueve o no tienes dinero y estás cansad@ de hacer siempre lo mismo. Sólo tienes ganas de llorar 😢 y todo se te hace una montaña. Pues bien, esos días tristes también son parte de la vida.

No maldigas lo que sientes, transfórmalo en algo que sea bueno para ti. Y no dejes que los días tristes te atrapen; simplemente, acéptalos como parte de la vida y luego déjalos marchar.

La felicidad es la suma de los opuestos: días buenos y días malos. Así es la vida: el día ☀️ y la noche 🌙, la vida 🧬 y la muerte ⚰️, la luz y la sombra… En el Universo todo es un ciclo constante de opuestos. Por lo tanto, disfruta de cada momento como si fuera el último, aunque sea un día triste.

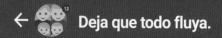
¡Buenos días, hij@!

¿Has hecho planes 📅 hoy?

Planificar tu vida te proporciona una sensación agradable, ¿verdad? ¡Qué gustazo tenerlo todo bajo control! Lo que ocurre es que esto de planificar 📅 no es una ciencia exacta y en ocasiones parece que todo sale al revés.

Cuando esto pase, no te enfades 😠, el tiempo ⏳ siempre te acabará demostrando que aquello fue lo mejor que te podía ocurrir. Sigue tu propósito pero déjate fluir.

Cada acontecimiento de nuestras vidas es una guía que encamina nuestros pasos hacia el lugar correcto. Si nos enrocamos con los problemas y no aceptamos lo que nos viene, escogemos el camino equivocado ❌.

Así que ¡ya lo sabes! Planifica tu vida pero, llegado el momento, déjate fluir y acepta tu destino.

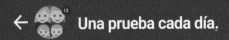
¡Buenos días, hij@!

Con el paso de los años acabas por entender que lo único que le da valor a la vida y la llena de sentido es el legado que dejas.

¿Te sientes bien contigo mism@? Sentirte bien contigo mism@ es el único antídoto contra los malos momentos.

¿Crees que has hecho feliz a alguien? Contribuir a la felicidad de los demás es lo que llena tu corazón de amor 💕.

¿Antepones el bien común a tus propios intereses? Actuar en favor del bien común te muestra el auténtico camino a seguir.

La vida te pone a prueba cada día. Escoger la mejor opción sólo depende de ti.

¡Buenos días, hij@!

Lo que voy a contarte hoy quizá te sorprenda.

Tu prioridad es ocuparte de ti mism@. Y esto no es egoísmo, sino la mejor manera de gozar de una buena calidad de vida. 😃

Muchas veces nos preocupamos por todo y por todos cuando, en realidad, nosotros no estamos bien. Pues escucha 👂 con atención: ¡eso es una pérdida de tiempo y de energía!

Si tú estás bien, pese a las circunstancias, podrás solucionar todo lo que se te presente y ayudar a los demás. Si no estás bien... ¡olvídate!

Aprende a reírte 😆 de lo que te pasa y reconcíliate con las circunstancias. Relativizar una situación no significa ignorar tu responsabilidad, sino ocuparte de ella sin que te afecte lo que pase a tu alrededor.

La vida es como un baile. Aprende a bailar con las emociones, sin que te atrapen, y tu vida fluirá como una melodía... 🎶

¿Cómo estás, hij@?

Hoy quiero hablarte del control de las emociones 😃 😨 😠.
Y no estoy hablando de cohibir o bloquear los sentimientos, de lo que hablo es de no poner tu estabilidad emocional en manos de terceras personas.

Se dará alguna ocasión en la que intentarán humillarte u ofenderte, pero no ofende quien quiere, sino quien puede. Y si eres consciente de tu poder interior , comprenderás que en cualquier situación hay un aprendizaje. Si, por el contrario, reaccionas ante las ofensas, te estarás negando la posibilidad de crecer y, además, serán otros quienes gobiernen las riendas de tu vida.

Recuerda: Cuida tu cuerpo, tu alma y tu mente. Nadie puede hacerte sentir mal, excepto tú mism@.

Q 🗨 ⋮

LLAMADAS　　　**CHATS**　　　**CONTACTOS**

Antonio Machado
Si es bueno vivir, todavía es mejor soñar, y lo mejor de todo, despertar.

Eduardo Galeano
Al fin y al cabo, somos lo que hacemos para cambiar lo que somos.

Wayne W. Dyer
Si crees totalmente en ti mismo, no habrá nada que esté fuera de tus posibilidades.

Jorge Bucay
El verdadero amor no es otra cosa que el deseo inevitable de ayudar al otro para que sea quien es.

Mario Benedetti
Cuando creíamos que teníamos todas las respuestas, de pronto, cambiaron todas las preguntas.

◁　　　○　　　□

LLAMADAS | CHATS | **CONTACTOS**

Dante Alighieri
La raza humana se encuentra en la mejor situación cuando posee el más alto grado de libertad.

Voltaire
Hay alguien tan inteligente que aprende de la experiencia de los demás.

Victor Hugo
El futuro tiene muchos nombres. Para los débiles es lo inalcanzable. Para los temerosos, lo desconocido. Para los valientes es la oportunidad.

Marilyn Monroe
Si dejas salir tus miedos, tendrás más espacio para vivir tus sueños.

Mahatma Gandhi
Vive como si fueras a morir mañana. Aprende como si fueras a vivir siempre.

¡Buenos días, hij@!

Cada día decidimos un montón de cosas: qué me pongo, a dónde voy, con quién quedo… En la vida, el reto de elegir es constante, de ahí que sea tan importante sopesar nuestras decisiones.

A mayor conocimiento de tus emociones, mayor será la conexión con tu dios interior . Estar centrad@, equilibrad@ y conectad@ con el amor 💕 y la gratitud facilitará tu toma de decisiones.

«Gnóthi seautón»: conócete a ti mism@.

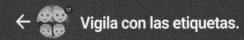
¡Buenos días, hij@!

Deja que te haga dos preguntas:
1-¿Te parece que este calor es insoportable o, por el contrario, hace un día de sol ☀ extraordinario?
2-¿Y eso es bueno 😃 o es malo 😩?

Depende, ¿verdad? Según el momento en que se dé, la misma circunstancia puede ser positiva o negativa. Es decir, eres tú quien etiqueta cualquier cosa o situación como buena o mala.

Un día soleado ☀ es un buen día si quieres ir a la playa , pero también puede ser un mal día si se te estropea el coche 🚗 y tienes que ir andando 🚶 al trabajo. La realidad es que un día de sol ☀ no es ni bueno ni malo, tan sólo es. Lo mismo ocurre con todo lo demás, por lo tanto, vigila con las etiquetas. De ese modo, disfrutarás de la vida tal y como es, en todo momento.

¡Buenos días, hij@!

Aprovecho un ejemplo real para mostrarte cómo se forja el destino. Se trata de una persona que, tras tomar las riendas de su vida, le envió este mensaje a un amigo muy especial para ella.

«Estoy feliz. 😃 He tardado diez años, pero por fin he tomado la decisión: ¡Dejo el trabajo! Aún no sé cómo ni cuándo pero en pocos días hablaré con el jefe para comunicárselo y le daré un tiempo para buscar y formar a alguien que me sustituya. Sea cual sea su respuesta, mi decisión es firme. Faltan tres meses para fin de año 🎉 y pienso empezarlo haciendo lo que me apasiona y mejor sé hacer: escribir 🖊. El de arriba no me desamparará, ¡lo sé! Así que a partir de hoy, mi vida cambia de rumbo y empiezan a llegarme nuevas oportunidades».

¡Es extraordinario presenciar cómo el alma recupera su destino! Y a pesar de que las decisiones importantes conllevan momentos de confusión e incertidumbre, la fuerza de un propósito puede con todo.

No lo dudes y cuando, de verdad, quieras algo en la vida ¡actúa siempre como si no fueras a fracasar! Cuando estás conectad@ con tu centro, todo tu potencial surge inevitablemente.

Tu mejor versión te está esperando. 🐱

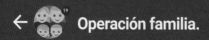
¡Buenos días, hij@!

Cuando encuentras pareja y decides iniciar un proyecto en común, comienza la operación familia . Sí, sí, has oído bien: Operación Familia. Te explico en qué consiste:

-Tienes que enamorarte y enamorar a tu pareja cada día. ¿Sabes por qué? Porque enamorarse no es amor . Enamorarse es ver los aspectos positivos de tu pareja y maximizarlos. El amor es la síntesis de lo positivo y lo negativo de la persona que hayas elegido como pareja. Si potencias sus virtudes y minimizas sus defectos, la base de tu familia estará asegurada.

-Otro punto muy importante en las relaciones de pareja es no caer en la recriminación; aunque sientas que tienes motivos para ello. Y es mucho más sencillo conseguirlo cuando no esperas que el otro piense o haga lo que tú quieres. Esto mismo te sirve para los hijos.

El amor es como el jiujitsu: aprovechas la fuerza del contrario, es decir, el amor de tu familia, para potenciar el efecto.

Conclusión: amor incondicional 100 % y el resto llega solo.

¡Buenos días, hij@!

Si cada día das un paso hacia tu objetivo o (en caso de no conocerlo aún) un paso que te ayude a descubrirlo, se multiplicará tu entusiasmo por la vida.

¡Haz la prueba durante una semana y te sorprenderá el resultado!

Tu energía cambia, tu entusiasmo se contagia y el Universo conspira a tu favor.

¡Buenos días, hij@!

Hoy un poco de cultura general. ¿Sabías que los septenios cuentan para todo? 7 días, 7 años y todos sus múltiplos: 14, 21, 28, 35, 42, 49, 56…

Te pongo un ejemplo: los hábitos. Para que un hábito se consolide tienen que pasar un mínimo de 21 días. Y mira por donde, hoy hace veintiún días que empecé a enviarte mi amor 💕 en forma de mensaje. ✉️

¿Lo ves? Cualquier camino empieza con el primer paso 👣; cada paso te acerca a tu destino, y en tu destino hallarás todos los éxitos que te mereces.

Quizá te estés preguntando… ¿y qué pasa con los hábitos perjudiciales? 🤔

Pues tengo una buena noticia: puedes implantar o modificar cualquier hábito que te propongas. Sólo tienes que decidirlo.

¡Buenos días, hij@!

¿Cómo te sientes con alguien que te hace reír? ¿Y con alguien que siempre tiene una sonrisa en la boca? Yo nunca olvidaré algunos de nuestros momentos más divertidos...

¿Recuerdas la última vez que de tanto reír te dolía la barriga? 😂 😂 😂 La risa es una de las mejores terapias que existen.

Tómate la vida con humor y aprende a reírte de todo, incluso de ti mism@.

¡Te propongo una cosa! Busca en tus recuerdos algún momento de esos de risa incontrolada y verás cómo sonríes al instante y empiezas el día con una energía diferente.

¡Buenos días, hij@!

No es la primera vez que te hablo de las 7 áreas de la vida: la familiar 🏠, la de salud 🩺, la económica 💵, la espiritual, la profesional, la personal y la de contribución.

Pensando en esto, ¿por qué no escribes diez cosas de cada área por las que te sientas agradecid@? Tal vez te resulte complicado empezar (¡y eso que podrías escribir cientos!), pero haz el esfuerzo y te verás recompensad@.

🖤 🖤

La gratitud es una forma de amor 💕 y el amor es el elixir de la vida. Tenlo presente en todos los acontecimientos de tu vida y la paz interior ⭐ te acompañará siempre.

¿Lo harás? ¿Me lo enviarás?

Te aseguro que cuando hayas acabado de escribir, te sentirás distint@. Si además, lo lees a diario, el mundo también te parecerá un lugar diferente.

¡Buenos días, hij@!

No caigas en la trampa de la rutina porque te quitará la energía. Y sin energía no puedes crear un nuevo día , un nuevo proyecto, una nueva oportunidad, nuevas amistades, una nueva dosis de esperanza o un nuevo lugar donde colocar tus sueños.

¿Qué te parece si hoy marcas la diferencia? Cambia la hora de tu despertador ⏰, péinate diferente 💁, vístete con otro look, modifica tu manera de hablar, canta 🎤 y... grita bien alto que hoy es el mejor día de tu vida.

¡Grita como loc@! 😆

¡Buenos días, hij@!

Si transformas tus años en días, te darás cuenta de que atesoras miles de días de experiencia.

En todos esos días, ¿cuántos momentos inolvidables recuerdas? ¿De cuántos de ellos te sientes orgullos@?

Haz de cada día algo para recordar; de cada instante, un momento estelar y de tu vida, un motivo por el que ser recordad@.

Deja que tu corazón te guíe y cada momento será especial.

98 % 08:01

La vida es una moneda.

¡Buenos días, hij@!

Hay días en los que, sin saber por qué, todo te sale del revés: no te encuentras bien, lees un mensaje ✉️ en el móvil que no te gusta, no hay galletas 🍪 para desayunar, oyes que alguien discute en la casa 🏠 y, para colmo, te olvidaste de tirar la basura y huele a demonios. 💩

Tienes un humor de perros y tu nivel de saturación va aumentando, por lo que preparas la artillería y te lanzas al ataque. 😠 😠

Pobre del que se cruce contigo en ese momento... ¡Pilla, seguro! 😲

Sin embargo, hay otros días en los que has dormido a pierna suelta, abres la ventana y un sol ☀️ radiante te acaricia la cara, entras a la cocina y tienes el desayuno en la mesa... ¡Te sientes capaz de comerte el mundo! 💪 💪 💪

¿Por qué pasa esto? Pues no lo sé. Pero lo que sí sé es que la vida es como una moneda, con su cara y su cruz. Si tuviera dos caras o dos cruces, sería imposible apreciar la magnitud de todo lo que nos sucede. 😘

¡Buenos días, hij@!

Actúa como si no pudieras fracasar.

Grábate esta frase a fuego lento en tus pensamientos porque te llevará a ser, hacer y tener todo lo que desees.

1-¿Quieres aprobar un examen? Estudia 📚 pensando que aprobarás.
2-¿Te encanta es@ chic@? No ceses de conquistarl@ hasta que te diga: «Te quiero». 💕
3-¿Quieres montar un negocio? ¿Cerrar una venta? ¿Viajar a Nueva York? 🗽

Actúa como si ya lo tuvieras y lo que deseas llegará.

¡Buenos días, hij@!

Existen dos tipos de personas:
• Las que CREEN PARA VER
• Y las que necesitan VER PARA CREER

CREER PARA VER: agudiza tu ingenio, despierta tu energía y te proporciona el entusiasmo necesario para vivir por y para tus sueños.

VER PARA CREER: te convierte en alguien razonable y realista pero no es la mejor opción para tener una vida brillante

Encontrar el equilibrio entre las dos opciones es la mejor manera de vivir en plenitud.

¿Cómo te encuentras, hij@?

La falta de salud es uno de los mayores impedimentos para tener la vida que sueñas. Y el ritmo de vida y los hábitos poco saludables que abundan en la sociedad son el peor enemigo de tu salud.

La salud es lo que nos mueve (desde los pensamientos al cuerpo) y no le damos ningún valor, porque sin duda pensamos que es lo normal.

Cuida lo que consumes, ya sea comida , bebida , lectura , música o televisión . Si además, practicas ejercicio físico , aprendes a respirar y meditas, tu salud mejorará notablemente y te sentirás mucho mejor.

La salud es lo que sostiene nuestro cuerpo y nuestra mente. Dale el valor que se merece.

🔍 📋 ⋮

LLAMADAS   **CHATS**   **CONTACTOS**

Voltaire
Una colección de pensamientos es una farmacia donde se encuentra remedio a todos los males.

Friedrich Hegel
Ser independiente de la opinión pública es la primera condición formal para lograr algo grande.

Aldous Huxley
Saber es relativamente fácil. Querer y obrar de acuerdo a lo que uno quisiera, es siempre más duro.

Lupita Nyong'o
Lo que es fundamentalmente bello es la compasión hacia ti mismo y hacia las personas que se encuentran a tu alrededor.

Coco Chanel
No es la apariencia, es la esencia. No es el dinero, es la educación. No es la ropa, es la clase.

LLAMADAS　　　　**CHATS**　　　　**CONTACTOS**

 Henry David Thoreau
Las cosas no cambian; cambiamos nosotros.

 Virginia Woolf
Puedes cerrar todas las bibliotecas, si quieres.
Pero no hay barrera, cerradura, ni cerrojo que
puedas imponer a la libertad de mi mente.

 Antoine de Saint-Exupéry
El mundo entero se aparta cuando ve pasar a un
hombre que sabe adónde va.

 Maya Angelou
El prejuicio es una carga que confunde el pasado,
amenaza el futuro y hace inaccesible el presente.

 Helen Keller
El optimismo es la fe que conduce al éxito. Nada
puede hacerse sin esperanza y confianza.

¡Buenos días, hij@!

Voy a contarte un secreto.

Plasmar en un papel tus pensamientos, tus emociones, tus mejores momentos o hablar con alguien mediante la escritura es el modo más efectivo de hacer visible lo invisible.

Cuando escribes sobre tus pensamientos los ordenas y el orden te aporta paz, seguridad y determinación.

Cuando escribes acerca de tus emociones 😀 😶 😠 te liberas de una carga que dificulta tu camino.

Cuando escribes en relación a tus mejores momentos los haces perdurar en el tiempo y puedes recuperar el recuerdo y la emoción cuando desees.

Y si te comunicas por escrito con alguien que quieres, la magia de la energía fluye de un lado a otro, fortaleciendo el amor 💕 que existe entre vosotros.

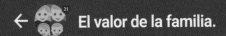
¡Buenos días, hij@!

Nuestra familia es nuestra riqueza y nosotros somos millonarios. Pero para mantenernos unidos, tenemos que cuidar de la familia todos los días.

¿Cómo se consigue? Con amor 💙 incondicional.

¿Cómo se demuestra? Con cientos de detalles.

En la familia cada uno juega un rol y, sea el que sea, debemos ejercerlo sin esperar nada a cambio.

Si amas a tu familia desde que te levantas hasta que te acuestas, se crea un clima de entrega que no tiene igual, y todo lo que has dado regresa a ti multiplicado.

Este vínculo puedes extrapolarlo a tus amig@s y a las demás personas que conoces. Cuando lo pones en práctica, la vida es un milagro.

¡Buenos días, hij@!

Lo más complicado de la amistad es que cada un@ la entiende a su manera. Por si fuera poco, esperamos que la otra parte se comporte como tú lo harías y eso es imposible, porque cada persona filtra la vida según sus valores y circunstancias.

El secreto está en que vivas la amistad desde el amor , sin esperar que nadie te devuelva nada, ni que se acuerde de tu cumpleaños.

Vive intensamente la amistad. Disfrútala en este momento por si mañana ya no está. Acepta a tus amigos tal cual son: unos morirían por tu amistad y otros no se inmutarían si cayeras enfermo, pero todos son tus amig@s. Tú los escogiste.

😉

¡Buenos días, hij@!

Si no eres capaz de encontrar el momento para leer y disfrutar de estos instantes de amor 💕 que comparto contigo… ¡corres un grave peligro! El sistema social te está absorbiendo y pronto habrá anulado tu capacidad de decidir.

Te propongo que actives tu POWER TIME, que no es otra cosa que establecer un tiempo ⌛, cada día, para pensar en ti, en tu vida, en tus sueños, en la dirección que quieres tomar, en decidir cómo disfrutar de lo que haces en cada momento… En definitiva, ser el dueño de tu tiempo y utilizar tu poder de decisión.

Al ponerlo en marcha, descubrirás que tu POWER TIME es un momento ideal para disfrutar de los sentidos, escuchar la voz de tu alma, revisar lo que has hecho durante el día y amar: a ti mismo y a los demás.

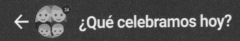
¡Buenos días, hij@!

Está muy bien festejar tu cumpleaños 🎂 o la Navidad 🎄, pero no sólo hay que celebrar las fechas que están en rojo en el calendario. Debes celebrar todo lo que pasa alrededor de tu vida.

Si apruebas un examen, ¡celébralo! 👏

Si has dejado de fumar, ¡celébralo! 👏

Si le has echado una mano a alguien y te sientes orgulloso, ¡celébralo! 👏

Si recibes un reconocimiento por tu trabajo, ¡celébralo! 👏

Celebra cada nuevo día, cada amanecer, celebra que puedes ver, andar y respirar.

¡Celebra la vida!

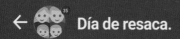
¿Cómo va la resaca, hij@?

Es lo que tiene una buena juerga .... Así que hoy toca darle descanso a tu cuerpo y recuperar la energía para ponerte de nuevo en marcha. Puedes leer 📖, darte un baño 🛁, escuchar música 🎶... en definitiva, relajarte.

Salir de fiesta con los amigos y desmelenarse es necesario, pero ¿con qué frecuencia? ¿Una vez al año? ¿Una vez al mes? ¿Una vez a la semana?

Todo depende de tu edad y tu sentido común.

😜

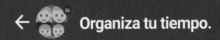
¡Buenos días, hij@!

Un día, una semana, un mes… cuando te quieres dar cuenta ¡ha pasado otro año! El tiempo pasa muy rápido y es vital que aprendas a manejarlo a tu favor.

Organízate la agenda; recuerda que es necesario atender las 7 áreas de tu vida para vivir en equilibrio. No olvides hacerle un hueco a tu POWER TIME y, sobre todo, no permitas que nadie utilice tu tiempo, es el bien más preciado que tienes.

Tu agenda es como una App, si la actualizas de manera habitual, estarás al día y tendrás tiempo para todo.

¡Buenos días, hij@!

Cuanto más te preparas, mejor afrontas cada situación que te plantea la vida.

Estudiar es muy importante, pero no es suficiente. Entre otras cosas, porque la educación tradicional está llena de carencias. Para tener una vida plena y llegar a ser autosuficiente, también tienes que aprender en la universidad de la vida.

Tener conocimientos de economía, de relaciones humanas, de ventas, de salud y nutrición, de espiritualidad y de multitud de cosas más, te ayuda a enfocarte en el camino de tus sueños.

A veces, uno escoge profesiones temporales para cubrir las necesidades básicas o simplemente para probar, pero llega un día en el que el corazón te pide fervientemente dedicarte a lo que te apasiona.

Todos tenemos un don, ¡tú también! Y ese don está vinculado a tu propósito de vida.

Aprende de todo y de todos y te graduarás con matrícula de honor en la vida.

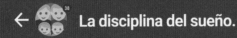
¿Cómo va el día, hij@?

¿A qué hora te acostaste ayer? ¿No me digas que estuviste con el teléfono hasta las tantas?

El cuerpo necesita descansar entre cinco y ocho horas. Y el sueño es su forma de reparar todos los daños: el estrés, el cansancio, el malestar e incluso la enfermedad. 😴

Es importante que tengas presente esta información cuando estés tentad@ de quedarte tirad@ en el sofá, viendo esa serie de moda que acaba a la una de la madrugada. La falta de sueño repercute en tu humor 😡, en tus emociones y en tu salud física 😵 y mental.

¡Haz la prueba! Durante una semana, duerme lo que necesitas y notarás cómo aumenta tu energía, tu creatividad y tu entusiasmo.

¿Qué? ¿Nos vamos a la cama?

¡Buenos días, hij@!

A pesar de la diferencia generacional, me gusta mantenerme al día y disfrutar de las nuevas tecnologías , pero no por ello estoy dispuest@ a perder la libertad o dejar que nada ni nadie controle mi vida.

Estar todo el día pendiente del WhatsApp o enganchad@ a Facebook, Twitter o Instagram es el primer síntoma de tu adicción.

Pregúntate lo siguiente:
1-¿Para qué necesitas estar pendiente de la vida de los demás? ¿No te llena la tuya?
2-¿Qué se esconde tras la necesidad de exponer tu vida, constantemente, ante los demás?
3-¿Qué te obliga a contestar inmediatamente a quien te abre por WhatsApp, te etiqueta en Facebook, comparte tu tweet o te da un «me gusta» en Instagram?

¡Las nuevas tecnologías son extraordinarias! Utilízalas en beneficio de todos, pero no te conviertas en su esclav@.

Si tienes esto presente, las nuevas tecnologías te ayudarán a crecer sin comprometer tu libertad de acción y tus pensamientos.

¡Buenos días, hij@!

Hoy voy a hablarte del fracaso.

En todas las sociedades no se valora el fracaso de la misma forma, pero puedes estar segur@ de que cada fracaso es un peldaño que subes en la escalera del éxito.

Los bebés se caen una y otra vez y nunca se plantean que caerse sea un fracaso. Su objetivo es triunfar 🏅, y caerse forma parte del proceso, de ahí que tengan el éxito asegurado.

Grandes avances para el mundo surgieron del fracaso como, por ejemplo, la bombilla 💡. Thomas Edison lo intentó mil veces hasta conseguir que funcionara su invento.

El fracaso no es negativo, sino un aprendizaje para triunfar. En EE. UU., valoran más a las personas emprendedoras que han fracasado que a las que nunca lo han intentado, porque están mejor preparadas.

¡Lo dicho! Si fracasas, no olvides que estás más cerca del éxito. 💪 💪 💪

¡Buenos días, hij@!

Hoy quiero contarte que cuando integras que el miedo no existe recuperas tu poder y tu vida cambia de forma radical.

¡Sí! ¡Sí! Tal cual te lo digo... El miedo es una estrategia mental de tu ego para controlar tus emociones y bloquearte. Si caes en su juego estarás perdid@. Así que deshazte de él inmediatamente.

Sin embargo, cuando gracias «al miedo a caerte de la bici» aprendes a montar o gracias «al miedo a morir» 🛏 superas una enfermedad o gracias «al miedo a quedarte en paro» florece toda tu creatividad para generar ingresos 💵, ¡eso no es miedo!

Tenlo siempre presente: si te inspira, te impulsa y te hace crecer, ¡no es miedo! Todo lo demás no existe.

¡Buenos días, hij@!

¿Sabes que leer es una de las mejores maneras de ahorrar? ¿No te lo crees? ¡Te lo demuestro!

En la vida hay diferentes formas de aprender. Puedes aprender a golpes y a base de experiencias. Esta fórmula es inevitable y muy efectiva para crecer como persona, pero no es necesario aprenderlo todo a porrazos.

Verás, a medida que pasen los años irá aumentando tu sabiduría, pero si lees y utilizas el conocimiento y la experiencia de otros, tu aprendizaje será mayor y más rápido.

Si quieres emprender un proyecto próspero, lee sobre las empresas más exitosas y reconocidas.

Si quieres ser maestr@, lee sobre los grandes formadores que han revolucionado las aulas a lo largo de la historia.

Lee. Ganarás sabiduría y te ahorrarás tiempo y errores. Crea tu propia biblioteca, prémiate por cada libro que leas y recuerda que con cada libro le estás ganando tiempo a la vida.

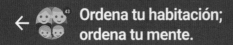

¡Buenos días, hij@!

Quizá no hayas observado que, cuando ordenas tu habitación ocurren cosas, pero así es.

Lo primero que ocurre es que desconectas de los pensamientos que abarrotan tu mente y empiezas a decidir cómo vas a ordenar la habitación, la mesa, o lo que sea.

Lo segundo y más sorprendente que ocurre es que, al despejar tu mesa de trabajo, despejas tu mente; al poner orden en tu habitación, también pones orden en tu cabeza, con lo cual tu rendimiento se triplica. Y esto forma parte de un proceso automático.

Busca en tu memoria, ¿recuerdas alguna película en la que el presidente de alguna gran compañía tuviera la mesa de su despacho desordenada y llena de papeles? No, ¿verdad? El orden es vital para una gestión efectiva.

Al poner orden en tu entorno estás ordenando tus pensamientos y tu vida. ¡Recuérdalo!

¡Buenos días, hij@!

Cuando tengas un gran día, deja la pereza a un lado y busca el momento para escribir sobre él; cuando vayas de viaje, ✈ haz un álbum de fotos 📷 y escribe sobre los mejores momentos que hayas pasado; cuando consigas algo que sea especial para ti, por insignificante que parezca, escribe 🖊 sobre cómo lo has vivido. Registrar y atesorar los grandes momentos de tu vida te hace consciente de todo aquello por lo que merece la pena vivir.

Al revivir esos momentos la emoción se hace presente. La mente no distingue entre el presente o el pasado, lo real o lo irreal. Lo único cierto son las emociones.

Imagina que has discutido con un amig@, con quien has vivido grandes momentos. Si recuperas y lees algunas de vuestras experiencias compartidas, todo volverá a la normalidad mucho antes o, como mínimo, te servirá para equilibrar la percepción de la situación actual.

¡Recuerda! Los mejores momentos son aquellos que merece la pena recordar.

¡Buenos días, hij@!

A veces nos empeñamos en que los demás cambien, porque no actúan como esperamos, nos sentimos heridos con sus palabras o, simplemente, piensan distinto.

No se trata de quién tiene la razón. Sólo hay que aceptar a cada un@ como es y tener presente que, para que alguien cambie, tienes que cambiar tú primero.

Trata al peor de tus enemigos como si fuera la persona que más quieres en el mundo y todo cambiará a tu alrededor: tú, él y el mundo entero.

¿Difícil? Quizá al principio, pero cuando empieces a disfrutar de los resultados no podrás parar.

Inténtalo siempre que tengas ocasión y comprobarás que ya no estás enfadad@ con nadie.

82% 11:50

LLAMADAS   CHATS   **CONTACTOS**

Aristóteles
La amistad es un alma que habita en dos
cuerpos; un corazón que habita en dos almas.

Francis Bacon
La ocasión hay que crearla, no esperar a que
llegue.

Bette Davis
La clave de la vida está en aceptar retos. Una vez
que alguien deja de hacer esto, está muerto.

Adele
Sé valiente y no tengas miedo de saber que,
incluso si tomas una decisión equivocada, lo
estás haciendo por una buena razón.

Marie Curie
Nada en la vida debe ser temido, sólo
comprendido. Ahora es el momento de
comprender más para temer menos.

LLAMADAS **CHATS** **CONTACTOS**

Mary Lou Cook
No busques fuera de ti, el cielo está dentro.

Louise L. Hay
Somos 100 % responsables de nuestras experiencias y cada uno de nuestros pensamientos está creando nuestro futuro.

Ana Frank
Qué maravilloso es que nadie necesite esperar un momento antes de comenzar a mejorar el mundo.

Michelle Obama
Una de las lecciones con las que yo crecí es que debía ser fiel a mí misma y no dejar que nadie me distrajera de mis metas.

Madre Teresa de Calcuta
El que no sirve para servir, no sirve para vivir.

◁ ○ □

¡Buenos días, hij@!

Todo el mundo opina: la sociedad, los padres, los amigos, el entorno…, y lo que es peor es que, cuanto más te quieren, más opinan.

Lo más habitual es que de manera consciente o inconsciente, tengamos en cuenta la opinión de los demás. Pero hay que saber cribar las opiniones constructivas y deshacerte de los falsos consejos, habladurías, mentiras y estrategias varias que tienen su origen en la envidia.

Si utilizas la opinión de los demás para enriquecerte con su experiencia y valorar tus decisiones sin dejarte condicionar, eliges una opción inteligente. Si, por el contrario, basas tu decisión en lo que digan o piensen los demás, cometes un grave error.

¡No hay mejor juez que tú! Y la mejor respuesta es la que obtendrás al escuchar la voz de tu corazón.

Escucha a los demás con atención, pero no olvides que el único poder real que tienes es el poder de decisión.

¡Buenos días, hij@!

Hoy quiero compartir contigo un vídeo que creo que puede inspirar tu vida.

Habla de la magia de seguir tus sueños y disfrutar al máximo en el camino. Y lo hace a través de la historia de una familia que lo deja todo para cumplir el suyo: viajar por el planeta, con lo puesto, para conocer el mundo y a sus gentes, experimentando durante el trayecto que las personas, en general, somos buenas por naturaleza.

Ver atrapa tu sueño: familia Zapp-Su vuelta al mundo en coche en YouTube.

https://www.youtube.com/watch?v=IFF7oQ1-JQs

Se me ocurre que esa familia también podría ser la nuestra.

¡Buenos días, hij@!

El otro día te hablé sobre cómo funciona la fórmula del creer para ver, y hoy le añado otro ingrediente: un puñado de fe inquebrantable.

Que las cosas sucedan depende de ti y de la fe que pones en ellas. La mente es una poderosa herramienta capaz de imaginar cualquier cosa, y ya sabes que si puedes imaginarlo es porque puedes crearlo.

¡Atrévete a imaginar! Nadie te limita, sólo tú.

¿Quieres escribir un libro , viajar a Nueva York, abrir una escuela en un pueblo remoto de África? ¿De verdad lo quieres?

Pues quizá tardes meses o años, pero si crees en ello y tienes fe, no lo dudes: ¡ya es tuyo!

¡Buenos días, hij@!

Hoy quiero hablarte de tu relación con el Universo.

¿Recuerdas que ayer te hablé sobre mantener la fe en aquello que crees? ¡Pues aún hay más! Cuando haces de ello una forma de vida, el Universo te premia conspirando a tu favor.

Es mágico, casi increíble, pero sucede en el 100 % de los casos. Si tú no llegas, el Universo se encarga de proporcionarte lo que te falta de la manera que menos te imaginas.

Como dice San Mateo 7/7: «Pedid, y se os dará; buscad, y hallaréis; llamad, y se os abrirá». Y no estoy hablando de religión.

¡Buenos días, hij@!

Aprovecho que hace cincuenta días que te envío mi amor en forma de mensaje para recordarte que todo lo que se hace desde el amor, persiste.

El amor con el que fuiste cread@ forma parte de tus genes, de ahí que tú seas, esencialmente, amor. Tenlo presente en todo lo que hagas, en todas tus relaciones y, aunque a veces creas que algo o alguien no merece ser amad@, deja tus emociones a un lado y escucha tu voz interior, ella te hablará del lado bueno de las cosas.

¿Has observado que hay personas que se incomodan ante palabras como «amor», «amar» o «dios»? La razón es muy simple: les resulta más sencillo menospreciar lo que no conocen que aceptar que les da miedo amar y ser amados.

Tú no te alejes nunca del amor, ni de tu dios interior, porque ambos guiarán tu vida.

¡Buenos días, hij@!

Y tú, ¿qué harías si te quedaran 24 horas de vida?

Existe una técnica muy potente para descubrirlo. Consiste en ponerte en esa situación y decidir qué te gustaría hacer en el tiempo que te queda.

La mayoría de las personas descubren que su mayor deseo es compartir su tiempo con los que más aman ❤️. Pero el auténtico aprendizaje es descubrir cómo cambia tu escala de prioridades, y que todo lo que antes te preocupaba ahora deja de tener importancia. El trabajo, el dinero 💵, la casa 🏠, el coche 🚗, las disputas, el qué dirán… Nada importa cuando tu tiempo se agota, porque nada te puedes llevar.

Lo único que se irá contigo es la satisfacción de haber vivido con un propósito, lo único que marcará tu existencia es la huella que hayas dejado en los demás, y lo único que realmente necesitas es amar y ser amad@.

¡Hola, hij@!

Ayer recibí el mensaje de un buen amigo y ¡no podía dar crédito a lo que leía! ¡No entendía nada!

El mensaje decía lo siguiente:
«—Gente, me voy de este grupo de WhatsApp. Para cualquier cosa tenéis mi número. La amistad y el respeto siguen igual, ok? El tema es que siento que este grupo no tiene nada que ver con mi forma de encarar la vida, mis opiniones no coinciden con las vuestras, y la verdad es que las cosas que se hablan aquí no me ayudan en nada. Un abrazo a todos y mucha suerte —dijo un borracho al salir de Alcohólicos Anónimos». 😂 😂 😂

Sí, hij@, sí... ¡Era una broma! Fíjate que, a medida que vas leyendo el mensaje , tu mente empieza a suponer, a deducir, a intentar comprender, y te sientes mal (por suerte, se trataba de una broma). Pero esto mismo ocurre todos los días en cientos de situaciones.

Está comprobado que casi nada de lo que te preocupa llega a pasar. Sin embargo, sufres pensando en ello, y entras en conflicto con tus emociones imaginando desgracias que sólo están en tu mente.

Conclusión: no sufras por adelantado. ¡No merece la pena! 😓

22% 21:21

¡Hola, hij@!

Hoy quiero hablarte de un libro extraordinario , y muy sencillo de leer, que es imprescindible para mejorar tu calidad de vida.
El libro se titula «Los cuatro acuerdos» y plantea cuatro reglas básicas:
1-Sé impecable con las palabras.
2-No te tomes nada personalmente.
3-No supongas, pregunta.
4-Da siempre el 100 % de ti mismo, teniendo en cuenta que el 100 % de hoy no es el mismo que el de mañana.

Las enseñanzas de este libro son tan poderosas que, si las aplicas en tu día a día, cambiarán tu vida radicalmente.

Para mí fue un regalo 🎁 descubrirlo. Deseo que para ti también lo sea.

¡Buenos días, hij@!

¿Tienes un lápiz ✏️ a mano? ¡Apunta!

1.ª Entrega - Pautas para crear tu mejor versión 1.1:

1-Cada día, haz algo que te convierta en una mejor persona (saluda, sonríe, da las gracias, échale un cable al compañer@ del trabajo, implícate en un proyecto solidario o recuérdale a tu herman@ cuánto lo amas). ¡Hay miles de cosas que puedes hacer!

2-Convierte la pauta n.º 1 en un hábito y tu mejor versión se actualizará constantemente.

Ponlo en marcha desde ahora mismo y te sorprenderá el resultado.

¡Buenos días, hij@!

¿Qué tal llevas lo de las pautas para crear tu mejor versión? Funciona, ¿verdad?

Pues aquí te dejo la 2.ª Entrega:

3-Cuida de todas las áreas de la vida (familiar, personal, espiritual, de contribución, salud, económica y profesional). Si mejoras mucho en una de ellas, pero descuidas las otras, estarás en desequilibrio.

Para que te sea más sencillo, imagina que tienes siete hijos, ¿a cuál de ellos dejarías colgado? A ninguno, ¿verdad? Pues aprende a ocuparte de todos, atendiendo las necesidades específicas de cada uno.

Por hoy lo dejamos aquí, que con ésta tienes trabajo para rato.

¿Qué tal, hij@?

¿Preparad@ para la 3.ª entrega?

¡Vamos allá!

Pautas para crear tu mejor versión 1.3:

4-Pon tus dones al servicio de los demás, es una de las más bellas formas de amar. ¿Qué aún no sabes cuáles son? ¡Empléate a fondo para descubrirlo!

5-Ama incondicionalmente y no tendrás que perdonar. El amor incondicional no busca culpables; es compasivo y comprende.

Ya ves… el amor es la energía que todo lo transforma.

¡Buenos días, hij@!

Hoy te planteo una pregunta incómoda: ¿Qué te gustaría escribir en tu epitafio? Si estás pensando que voy a hablarte de la muerte, ¡te equivocas! Precisamente quiero hablarte de la vida, pero no una vida cualquiera, sino la vida que te mereces.

El epitafio, aparentemente, sólo es una frase, a lo sumo un par de líneas, pero es capaz de definir una vida entera. Y si no lee esto:

«Una tumba es suficiente para quien el Universo no bastara».
Alejandro Magno

«Es más digno que los hombres aprendan a morir que a matar».
Séneca

«Aquí yace Molière, el rey de los actores. En estos momentos hace de muerto y de verdad que lo hace bien». **Molière**

«Perdone que no me levante». **Groucho Marx**

«Si no viví más, fue porque no me dio tiempo». **Marqués de Sade**

«Sólo le pido a Dios que tenga piedad con el alma de este ateo».
Miguel de Unamuno

Este ejercicio de introspección profunda te ayudará a descubrir si estás satisfecho con tus estudios , tu profesión, tus amistades, tu pareja , tu salud ... y afrontar tus dudas para diseñar la vida por la que quieres ser recordado.

¿Qué tal, hij@?

El sistema está organizado de tal manera que percibimos la vida desde la dualidad, pero es una percepción errónea: todo forma parte de una misma cosa.

Me explico. No puedes sentirte abandonado sin haber experimentado el amor 💕 o experimentar la riqueza 🧧 sin haberte sentido pobre en algún momento. Comprender que los opuestos son complementarios es conocer uno de los mayores secretos de la vida.

Se han calculado unos 4.000 rasgos de personalidad diferentes y tú los tienes todos, los buenos y los malos (no olvides lo que te expliqué de las etiquetas). 😉
Voy a llevarlo al extremo para ponerte un ejemplo: si te digo que todos somos mentiros@s y asesin@s, lo negarás, ¿verdad? Pues aquí, entre tú y yo, ¿cuántas veces has dicho alguna mentirijilla?

Sí, ya sé... admites lo de la mentira, pero lo de matar son palabras mayores. ¿Cierto? Pues lamento decirte que no hace falta una pistola para matar: la indiferencia, la arrogancia, el odio... ¡también matan! Integra esto y dejarás de juzgar a los demás, aceptándolos como son.

Te amo, incondicionalmente, tal como eres...

¡Felicidades, hij@!

Hoy vamos a celebrar que eres un SER abundante.

¡Sí! ¡Sí! Tal cual te lo digo. Si alguna vez has pensado en cómo hacerte ric@, ¡olvídalo! Tú ya naciste millonari@.

La abundancia no va de cuánto dinero tienes; la abundancia es un estado de conciencia, un don que te pertenece, que impregna cada célula de tu cuerpo y se manifiesta de múltiples formas: salud, familia, talentos, etc.

Vive desde el amor , agradece, conéctate con la naturaleza, comparte, cuida tu cuerpo, disfruta, ríe, sueña...

¡Celebra, todos los días, que nadas en la abundancia!

🔍 ⋮

LLAMADAS   **CHATS**   **CONTACTOS**

Madre Teresa de Calcuta
A veces sentimos que lo que hacemos es tan sólo una gota en el mar, pero el mar sería menos si le faltara una gota.

Rosa Luxemburg
La venganza es un placer que dura sólo un día; la generosidad es un sentimiento que te puede hacer feliz eternamente.

Richard Bach
Si tu felicidad depende de lo que hagan los demás, supongo que estarás en aprietos.

Truman Capote
Todo fracaso es el condimento que da sabor al éxito.

Mary Lou Cook
Para abrir nuevos caminos, hay que inventar; experimentar; crecer, correr riesgos, romper las reglas, equivocarse... y divertirse.

Q ▤ ⋮

Dale Carnegie

Acepta los riesgos, toda la vida no es si no una oportunidad. El hombre que llega más lejos es, generalmente, el que quiere y se atreve a serlo.

Fiódor Dostoievski

El secreto de la existencia no consiste solamente en vivir, sino en saber para qué se vive.

Helen Keller

Nunca se debe gatear cuando se tiene el impulso de volar.

Anatole France

Si exagerásemos nuestras alegrías, como hacemos con nuestras penas, nuestros problemas perderían importancia.

J.K. Rowling

Es importante recordar que todos tenemos magia dentro de nosotros.

¡Buenos días, hij@!

¿Qué tal vas con la lectura? Y tu economía ¿cómo la llevas?...

En primer lugar te diré qué tiene que ver la lectura con la economía: ¡TODO! La lectura tiene que ver con todo, porque todo está en los libros. 📖

En segundo lugar hoy vas a presenciar una masterclass de economía, basada en el libro *El hombre más rico de Babilonia* de George S. Clason, maestro de las finanzas. Será breve pero intenso.

El proceso consta de dos pasos fáciles y sencillos:
1-Ahorra el 10 % de todo lo que ingresas.
2-Cada tres meses, aumenta el ahorro en un 10 %. Es decir, deberás ahorrar el 10 % inicial + el 10 % del 10 % ahorrado.

¿Has entendido bien? 10 % de tus ingresos + 10 % del ahorro, cada 3 meses.

Para que sea efectivo y ágil, abre una cuenta nueva específica y ordena un traspaso automático. Esta sencilla e increíble fórmula es el secreto mayor guardado por los millonarios sabios.

¿A qué esperas para ser el siguiente millonari@?

¡Hola, hij@!

¿Preparad@ para la segunda masterclass? ¡Prepara el lápiz! ✏️

Condiciones de tu cuenta de ahorro:
-Esta cuenta está destinada a generar beneficios de manera automática.
-Nunca, repito, NUNCA, comprarás o gastarás ni un céntimo de la cuenta de ahorro.
-La única excepción por la que te puedes permitir tocar tus ahorros o no destinar el 10 % de tus ingresos a esta cuenta, es que te encuentres en estado de supervivencia, según la jerarquía de Maslow.
https://es.wikipedia.org/wiki/Pir%C3%A1mide_de_Maslow

Si sigues los consejos de George S. Clason, tu dinero crecerá exponencialmente, casi sin darte cuenta.

¿Conoces la fábula del rey que quiso comprarle el juego del ajedrez a su inventor? El inventor, sabiendo que no podía negarse a los deseos de un rey, le pidió un grano de trigo por la primera casilla, doblando la cantidad para cada una de las sucesivas casillas. El ajedrez tiene 64 casillas, por lo que no hubo suficiente trigo en el reino para pagarle.

¿Lo has entendido? ¡Pues empieza ahora!

Vive la vida... a tu manera.

¡Hola, hij@!

¡Tengo tantas cosas que contarte!

Aun así, he estado pensando en qué sería lo más importante que te diría si sólo pudiera escoger una… ¡Y ya la tengo!

SÉ TÚ MISM@

Cuando eres tú mism@ eres libre; te dejas guiar por tu esencia, sin condicionamientos.

Cuando eres tú mism@, actúas desde el corazón, 🖤 escuchas la voz de tu conciencia y lideras tu vida como se lidera el mundo entero.

Cuando eres tú mism@ te responsabilizas de tu vida, cuidas tu cuerpo y tu alma, te ríes y amas apasionadamente lo que haces y lo que vives en cada momento.

Cuando eres tú mism@ la paz interior ⭐ te acompaña.

SÉ TÚ MISM@ 🙏 🙏 🙏

¡Buenos días, hij@!

¿Conoces la importancia de tu propósito en la vida?

Si piensas que has nacido para hacer cosas como estudiar, 🎓 trabajar, sufrir, ganar dinero 💵, llorar 😢, triunfar, comer 🍽 y morir... ⚰ ¡Estás equivocad@!

Todos llegamos a este mundo con el mismo encargo: ser mejor persona cada día y entregar lo mejor de uno mismo a los demás. La diferencia está en que tú lo harás mediante tus dones y talentos, que son distintos a los míos.

Con los años, descubrirás que eres la infinitésima parte de un plan divino. Así que comprométete contigo mism@ y trata de dejar el mundo mejor de lo que lo encontraste: ése es tú propósito.

¡Hola, hij@!

Otra fórmula mágica para vivir en plenitud: haz lo que amas y ama lo que haces.

¿Cómo hacerlo? ¡Muy fácil!:

1-No hagas nada por dinero , hazlo por pasión y el dinero vendrá solo.

2-Lee sobre personas que amaban lo que hacían y sólo encontrarás historias de vidas increíbles. Quienes hacen lo que aman, aman lo que hacen y al revés.

3-No escuches a quien te diga que es muy difícil, o que hace falta dinero, o que la realidad funciona diferente. Los conformistas jamás han cambiado el mundo.

4-Si tienes una vocación, enfócate en ella, porque vivir apasionado con lo que haces es una bendición.

¡Buenos días, hij@!

Las palabras que surgen del corazón son un recurso infalible para hacer crecer las relaciones.

Cuando sientas una emoción hermosa, escríbela ✒️ y házsela llegar a tus amig@s, a tu pareja 👨‍❤️‍👨 a tu familia 👨‍👩‍👧‍👦 a tus compañer@s de trabajo. No importa si es un te quiero, una disculpa o un gesto de agradecimiento.

¡Escríbelo y compártelo! Alucinarás con el resultado.

¿Sabes, hij@?

Lo imposible es aquello que te motiva, que te reta, que te obliga a salir de tu zona de confort.

Deja que tu imaginación te lleve a lugares que no se han soñado antes. ✈️ Si el Universo no pone límites, no te los pongas tú.

Fíjate que hasta Jesús dice en la Biblia: «Vuestro problema es que pensáis como hombres, cuando podríais pensar como dioses». Con esto, quiero decirte que lo único imposible es aquello que no intentas.

Te comparto un corto precioso, se titula «El circo de la mariposa». Cuando lo veas, comprenderás que la incapacidad es, únicamente, un límite mental y que la forma en cómo enfoques tu existencia y hacia dónde vas determinarán tu éxito.

https://www.youtube.com/watch?v=looUBhyZtOs

¡Haz posible lo imposible!

¡Buenos días, hij@!

El mensaje de hoy es: ¡Nunca te des por vencid@!

Cuando desees algo fervientemente, pon toda tu fe y tu pasión en ello y persevera hasta conseguirlo. Es la única manera de sentirte realmente viv@ y feliz.

En ocasiones, perseverar significa ser paciente hasta descubrir el camino correcto para llegar a tu destino; otras veces, perseverar significa confiar en que tus deseos ya están concedidos y que el Universo también necesita su tiempo para materializarlos. Sea como sea, tú persevera.

¡Y no bajes la guardia! Ya sabes que siempre habrá quien te diga: «No insistas más, ¿no ves que es imposible?».

Si lo tienes claro, no escuches a nadie más que a tu corazón y persevera: tu sueño está en camino.

¡Buenos días, hij@!

La pregunta ¿? de hoy es: ¿Confías en ti mism@?

En ocasiones, puede que te sientas insegur@, frágil o incluso asustad@ ; otras, sin embargo, parece que nada se te resiste, ¿cierto?

En realidad, todo depende de tu seguridad interior y para que veas que hay maneras de reforzar tu confianza, te indico unas cuantas pautas:
1-Trabaja tus creencias limitantes. Para conseguirlo, empieza por cambiar tu forma de pensar.
2-Ten claro lo que quieres en tu vida; tan claro, que nada ni nadie sea capaz de cambiar tu propósito.
3-Que no te importe en absoluto lo que los demás piensen de ti. Recuerda: lo que opinen los demás no es asunto tuyo.
4-Toma decisiones y actúa. No importa si te equivocas, ahora ya sabes que errar forma parte del aprendizaje.
5-Acéptate y ámate como el ser extraordinario que eres.

¡Y hasta aquí por hoy! Mañana seguimos trabajando la autoconfianza.

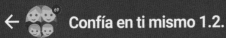
¡Buenos días, hij@!

¿Qué tal otra dosis de autoconfianza?

¡Pues aquí tienes unas cuantas pautas más, para conseguir tu objetivo!

1-Habla siempre bien de las personas. Lo de hablar mal de los demás déjalo para l@s insegur@s.
2-Aprende de todo y de tod@s y elige sólo aquello que te puede servir en tu vida.
3-Sé tenaz, disciplinad@ y no aceptes un no por respuesta.
4-Sé libre pensador, pero escucha también las palabras y los consejos de los expertos y de quienes más te quieren. Si valoras todas las opciones, te sentirás más segur@ en tus decisiones.

Te aseguro que si haces un hábito de todas estas pautas, nunca más sentirás flaquear la confianza en ti mism@.

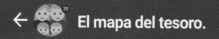
¡Buenos días, hij@!

Hoy voy a hablarte sobre cómo crear tu mapa del tesoro.

El mapa del tesoro es una herramienta infalible para diseñar tu vida; un collage activo en el que colocar imágenes y frases con las que hacer visible todo lo que deseas.

Sólo necesitas una cartulina grande o un corcho de pared en el que ir colocando fotos, recortes de revista o frases poderosas que te conecten con tus objetivos. 📌

Una imagen de Australia 🐨; el título de inglés; la foto de un Mustang; un cheque con muchos ceros; el logotipo del Premio Planeta; una escuela en un pueblecito de África… ¡Lo que quieras! Y recuerda que tienes 7 hijos que cuidar por igual. 😉

Cuando lo tengas hecho, empezará la magia. El Universo conspirará para que así sea y, sin saber cómo, empezarás a ver que se cumplen tus deseos.

Tu mapa es un tesoro con un poder inmenso, así que deja de vivir como los demás esperan y crea tu propia vida.

¡Ponlo en práctica y alucinarás con el resultado! 💎 💎 💎

¡Buenos días, hij@!

Si no eres capaz de tomarte la vida con humor, te amargarás y amargarás a los demás.

Nada ni nadie es tan importante, ni tan urgente, ni tan imprescindible como para que una jornada extraordinaria se convierta en un día de perros. De ti depende elegir cómo te tomas las cosas. 😌

La vida es sencilla y, si la vives de este modo, tu sentido del humor florecerá y contagiará a los que estén a tu lado. Pero… ¡atención! Al contrario ocurre lo mismo. Si eliges el mal humor, es lo que recibirás de aquellos que te rodean.

Mi recomendación es la siguiente: no grites, ni contestes mal; cuida tu lenguaje y trata a los demás con cariño. Por muchos problemas que tengas, nunca es lo que nos pasa, sino cómo lo vivimos y está claro que es mucho mejor tomarse la vida con humor.

Ponte a prueba y verás cómo van desapareciendo tus preocupaciones. 😛

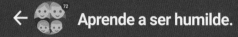
¿Qué tal, hij@?

Para hoy, una lección de humildad.

La vida te va a poner a prueba continuamente. Y habrá muchos momentos en los que salgas airoso y te sientas orgulloso por ello 😀. Justo en ese instante, tu ego saldrá a flote y empezarás a caer. Si, por el contrario, consigues mantener a tu ego a raya, tu éxito permanecerá por mucho tiempo, pero para eso necesitas humildad.

La humildad es una gran muestra de amor 💕 hacia los demás, te ayuda a crecer como ser humano y te acerca a la divinidad. Cuando necesites conectar con ella, piensa en lo infinitamente pequeñ@ que eres respecto al Universo, prácticamente insignificante; pero no por ello, menos importante.

La madre Teresa de Calcuta decía que la humildad consiste en callar nuestras virtudes y dejar que los demás las descubran... y yo he descubierto muchas virtudes en ti.

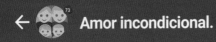

Hij@, hoy voy a hablarte del amor incondicional y lo haré con un cuento.

«Una noche ☽, soñé que caminaba por la playa junto a Dios, mientras las escenas de mi vida se reflejaban en el cielo. Al observar las imágenes, me percaté de que en la arena, unas veces aparecían dos pares de huellas y otras, solo un par. Al detectar que durante las escenas más tristes de mi vida, cuando me sentía angustiado y derrotado, solamente había un par de huellas en la arena, me preocupé mucho y le dije a Dios: "Señor, Tú me prometiste que siempre caminarías a mi lado. Sin embargo, en los momentos más difíciles de mi vida, había solo un par de huellas en la arena. ¿Por qué no caminaste a mi lado cuando más te necesitaba?"
Y Él me respondió: "Querido, hij@, mi amor 💕 por ti es infinito, así que jamás te abandonaría; cuando en la arena solo viste un par de huellas, fue porque yo te cargaba en mis brazos"».

Y así es el amor que siento por ti: cuando me necesites, estaré a tu lado; cuando te caigas, te ayudaré a levantarte; cuando no puedas ver, seré tus ojos; y cuando tú aflojes, yo apretaré.

Todo lo que necesitas está dentro de ti, pero siempre es más fácil avanzar cuando el amor incondicional te da la mano.

¡Buenos días, hij@!

¿Sabes que la esperanza nos mantiene vivos?

La esperanza es uno de los sentimientos más constructivos que experimenta el ser humano. No importa cuán desesperad@ estés; si pones tu esperanza en algo, recuperas las fuerzas y tu actitud cambia por completo. 🙏

La esperanza es una pócima mágica, un bálsamo para el alma. Y lo mejor de todo es que nadie puede arrebatártela, salvo tú mism@, y no necesitas a nadie más que a ti mism@ para generarla.

¡Ya lo sabes! Si en algún momento desfalleces, agárrate a la esperanza, que es lo último que se pierde.

✨ 🙏 💔

¡Buenos días, hij@!

Hoy voy a revelarte otra de las leyes mágicas del Universo. 🪶 ¿Preparad@?

TODO LO QUE DAS, REGRESA A TI MULTIPLICADO.

Entrégate a fondo en los estudios 🎓, el trabajo, la amistad, con la pareja 👫 … Da siempre más de lo que se espera de ti y sentirás que el Universo te compensa.

Regala sonrisas 😃, consuelo, palabras bonitas, cariño, ternura, amistad, dinero 💰, ayuda, comprensión, etc. y no habrá mejor amig@, compañer@, amante o persona que tú. Y, cuando lo hayas integrado como parte de ti, sin darte apenas cuenta, lo harás extensivo a los que no conoces y eso te conectará con tu parte más divina.

Te lanzo un reto: Proponte que cada persona que pase por tu vida se lleve algo de ti y observa cuántas personas impactan en tu vida. Ese legado es mucho más valioso que el dinero. 💵

Sé generos@, sin esperar nada a cambio, pues el verdadero altruismo es el que surge de tu corazón. 💚 💚 💚

Sigmund Freud

La ciencia moderna aún no ha producido un medicamento tranquilizador tan eficaz como lo son unas pocas palabras bondadosas.

Gabriel García Márquez

Los seres humanos no nacen para siempre el día en que sus madres los alumbran, sino que la vida los obliga a parirse a sí mismos una y otra vez.

Dale Carnegie

Encuéntrate y sé tú mismo; recuerda que no hay nadie como tú.

Maria Montessori

La primera tarea de la educación es agitar la vida, pero dejándola libre para que se desarrolle.

Alfonsina Storni

¿Qué mundos tengo dentro del alma, que hace tiempo vengo pidiendo medios para volar?

LLAMADAS   **CHATS**   **CONTACTOS**

Ana Frank
Tengo que defender mis ideales. El tiempo dirá
cuándo llevarlos a cabo.

Natalie Portman
No me gusta estudiar. Odio estudiar. Me gusta
aprender. Aprender es hermoso.

Mary Lou Cook
Escucha tu voz interior y sigue adelante, aun
cuando las personas te digan que no puedes
hacerlo.

Francis Bacon
El dinero es como el estiércol: no es bueno a no
ser que se esparza.

Audrey Hepburn
A medida que crezcas, descubrirás que tienes
dos manos; una para ayudarte a ti mismo y otra
para ayudar a los demás.

¡Hola, hij@!

¿Tú crees que el dinero te soluciona la vida? La respuesta es NO. Eso sí, te la hace más cómoda y placentera.

Si piensas en cosas realmente valiosas como el tiempo ⏳, el bienestar, la prosperidad, la salud, el amor 💕 o la felicidad, te darás cuenta de que no se pueden comprar con dinero.

Por ese motivo, cuando te sientes abundante por el simple hecho de existir, ¡eres millonario en todos los aspectos! La abundancia es un estado de conciencia y se genera en tus pensamientos.

No hagas nada por dinero. Apasiónate con lo que haces y el dinero vendrá solo.

Aprende a querer lo que tienes y tendrás lo que quieres.

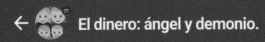
¡Buenos días, hij@!

Un poco más acerca del dinero.

El sistema nos manipula para hacernos creer que si tenemos dinero conseguiremos todo lo que deseamos, pero nada más lejos de la realidad.

La historia está llena de grandes fortunas que han vivido en la desdicha, el desamor 💔 y la desesperación. 😔 ¿Sabes por qué? Porque en realidad, lo que todo el mundo quiere no es el dinero, sino lo que el dinero te puede aportar: seguridad, poder, bienes materiales, etc.

El dinero puede contribuir a una vida mejor pero, mal entendido, es la causa de todos los males de la humanidad: corrompe, destruye familias enteras, crea desigualdades y guerras, vulnera los derechos humanos…

Ya somos much@s los que creemos que otro modelo de economía es posible y deseo que tengas ocasión de vivirlo en primera persona.

 😊 📷 🎤

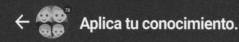

¡Hola, hij@!

¿Sabes cuál es la diferencia entre conocimiento y sabiduría? El aprendizaje teórico es conocimiento; integrar ese conocimiento en tu vida es sabiduría.

Quizá no te parezca tan distinto, pero te aseguro que esa diferencia genera un efecto impactante en tu vida.

¡Verás! Hay personas que leen muchos libros , hacen cientos de cursos y están muy interesadas en aprender, pero si no hacen nada con todo lo aprendido nunca llegarán a sabios.

Si conoces el secreto de «El hombre más rico de Babilonia» y no lo pones en práctica, es tu responsabilidad asumir la pobreza; si sabes que leyendo ganas en experiencia y mejoras tu vida pero no lo haces, deberás asumir tu ignorancia.

¡Y así con todo!

No renuncies a la sabiduría. Por poco que sea tu conocimiento, ponlo a trabajar y conviértete en un sabio.

¡Buenos días, hij@!

¿Prefieres que te perdonen, que te comprendan o que te amen?

El perdón está genial, te ayuda a pasar página, a recuperar el equilibrio emocional e incluso es capaz de alterar las células de tu cuerpo hasta sanarte pero, de algún modo, representa una posición de poder sobre el otro.

La comprensión es aún mejor, porque empatizas con el otro y eres capaz de ponerte en su lugar.

Pero la esfera de conciencia que deberíamos alcanzar está por encima del perdón y la comprensión: se llama amor . Cuando vives desde el amor , no necesitas perdonar ni comprender.

Para que lo veas claro, te pongo un símil: perdonar es jugar en segunda, comprender es jugar en primera y amar 🖤 es jugar en la Champions.

¡Hola, hij@!

Existen muchas maneras de afrontar la vida, pero es importante que sepas que tus pensamientos condicionarán tus actos y tus actos determinarán tu destino.

Tu futuro es una creación de la que eres 100 % responsable. ¡No te conformes con una vida mediocre!

Cuando quieras algo en tu vida, que sea lo mejor: ¡te lo mereces! 👍

Da igual que sea un coche , un aumento de sueldo o un puesto en la empresa. Los grandes hombres y mujeres de la historia, lo fueron porque nunca limitaron sus pensamientos y aspiraron al máximo sin perder la humildad.

Eres un pequeño dios en potencia. ¡No lo olvides!

¡Buenos días, hij@!

Hoy me he sorprendido a mí mism@ haciendo algo que SIEMPRE dije que NUNCA haría y quiero hacerte varios comentarios al respecto:

1-NUNCA o SIEMPRE son palabras que utilizamos sin tener en cuenta su significado literal. Los extremos se apartan del equilibrio.

2-«Nunca lo haré», «Siempre te querré» o «Amigos para siempre» son expresiones que casi nunca se cumplen o casi siempre acaban mal.

3-Cuando tienes una motivación especial, todo puede cambiar en un instante y donde dije nunca…

4-Si vinculas un valor importante, como la familia , con algo que a priori no te gusta, acabas dándole la vuelta y es posible que hasta que cojas el gusto.

Conclusión: ni siempre, ni nunca.

¿Qué tal estás hoy, hij@?

Si te sientes triste o enojad@ 😡, acepta la emoción y date el tiempo que necesites para equilibrarla.

Pero recuerda: permitirse la emoción es necesario, regodearse en la pena es inadmisible.

Pacta un margen contigo mism@.

Llora 😢, grita 😱, duerme 😴, patalea... pero cuando se agote tu tiempo, ponte las pilas y a resurgir de tus cenizas como el Ave Fénix.

¿Qué tal, hij@?

Hace unos días te hablé del mapa del tesoro y hoy quiero enseñarte a multiplicar su poder con la magia de los detalles. Se trata de la fórmula 1/7/7, que consiste en detallar tus objetivos de tal forma que el Universo tenga muy claro qué es lo que le estás pidiendo.

Imagina que quieres un caballo . Y ahora piensa en 7 cosas que necesitas saber o decidir antes de tenerlo. ¡Vamos allá!: raza del caballo, espacio, conocimientos sobre el animal, clases de equitación, dinero 💵 para mantenerlo... y así hasta siete.

El siguiente paso es detallar cada una de estas necesidades en 7 más. Por ejemplo, el espacio: una cuadra, medidas, coste mensual, distancia desde tu casa... y así hasta 7.

Éste es uno de los ejercicios más potentes que existen para lograr tus objetivos, porque te enfocas con determinación en tus sueños. Si lo añades a tu collage, el resultado es pura magia.

¡Buenos días, hij@!

Hoy te hablaré de la importancia de nutrir tu cuerpo de una manera saludable.

Tu cuerpo es el vehículo en que viajará tu alma durante toda esta experiencia terrenal; es la vasija 🏺 de tus pensamientos, sueños y deseos. ¿Te imaginas qué pasaría si enfermara o llegara a romperse?

Para que esto no ocurra, aprende a nutrir tu cuerpo y no te dejes arrastrar por los nefastos hábitos de consumo; vigila los excesos, que siempre terminan por pasar factura, ejercítate de manera habitual e incorpora la meditación en tu vida.

Estas pocas pautas te garantizarán que puedas disfrutar de un cuerpo saludable 💪 durante muchos años.

¡Hola, hij@!

¿Qué tal has dormido hoy? ¿Bien? Pues te aseguro que aún puedes dormir mejor. ¡Ahí va la receta para dormir a pierna suelta!

Cada noche , antes de acostarte, mírate al espejo y pregúntate:

-¿He aprendido algo nuevo?
-¿He ayudado a alguien?
-¿He avanzado hacia mis objetivos?
-¿He hecho lo que me gusta?
-¿He dado las gracias por lo que soy, por lo que hago y por lo que tengo?
-¿He aceptado lo que me ha ocurrido como parte de mi aprendizaje?
-¿Me siento feliz?

Inclúyelo en tus hábitos diarios y te garantizo que dormirás como un bebé.

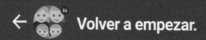
¿Cómo estás, hij@?

Cuando termina una etapa, hay que mirar hacia delante y volver a empezar. ¡Así de extraordinaria es la vida!

Ponte en marcha y busca un nuevo proyecto que te motive; cuando lo tengas, ya sabes, ¡actúa como si no fueras a fracasar!

De nuevo toca levantarse y decirse a un@ mism@ «¡Manos a la obra, que tengo ganas de triunfar !». A sabiendas de que triunfar no es más que dedicarte a aquello que desees, por simple o pequeño que a otr@ le parezca.

Cuando quieres comerte el mundo , la pasión y el entusiasmo afloran y tu energía se transforma en la fuerza que necesitas.

¡Buenos días, hij@!

Hoy voy a hacerte una confesión: el 85 % de lo que me enseñaron en la escuela está en mi papelera de reciclaje.

Lo que sí se grabó en mi mente y en mi corazón ♥ es lo que me transmitieron algunos profesores que vivían con pasión su trabajo y se atrevieron a transgredir lo establecido. ¡Ellos sí marcaron mi vida!

Hoy queda muy lejos aquello de que «la letra con sangre entra». Aun así, el sistema educativo actual genera un índice muy elevado de fracaso escolar.

Por suerte, ya existen otras corrientes educativas que contemplan las diferentes inteligencias como parte de un modelo inclusivo que valore las capacidades de cada niño sin comparar ni competir. Eso se llama educar para la vida.

Con esto quiero decirte que nunca dudes de tus capacidades, ni de las de los demás.

El mundo 🌍 está lleno de pequeñ@s Einstein por descubrir.

¿Cómo estás, hij@?

Todo ser divin@ tiene sus poderes y hoy voy a revelarte uno de los tuyos.

Las personas piensan, dicen, saben o incluso creen, pero siempre, siempre se las juzga por lo que hacen.

Cuando eres fiel a tu conciencia, dices lo que piensas y haces lo que dices, estás siendo coherente y la coherencia inspira confianza y seguridad en los demás, con lo cual es una forma de poder.

Di lo que piensas y haz lo que dices. De esta manera tendrás el respeto de tod@s.

¡Hola, hij@!

Un reto es un objetivo que constituye un desafío o un estímulo para quien lo afronta.

Y esa es la salsa de la vida: retarte a ti mism@, continuamente, para ser un poco mejor cada día.

Un reto puede ser de cualquier tipo, desde sorprender a tus vecinos, con quienes apenas te hablas, colgando una felicitación de Navidad en el ascensor, a crear un proyecto basado en un lenguaje universal, que facilite el diálogo y reduzca la distancia entre distintas generaciones.

¡Cualquier situación de tu vida puedes convertirla en un reto en el que todos salgan ganando!

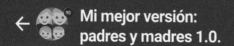
¿Qué tal, hij@?

Ayer, tras hablarte de los retos, se me ocurrió retarme a mí mism@ y crear una guía de pautas para padres y madres, basadas en todo lo que tú me has enseñado.

¡Ahí voy con las 10 primeras!:
1-Ama a tu hij@ por encima de todo y demuéstrale tu amor a diario.
2-Sé una inspiración para que tu hij@ desarrolle todo su potencial.
3-Escúchal@ siempre y ten paciencia para comprenderl@.
4-Acepta a tu hij@ tal como es. No quieras cambiarl@.
5-Respeta a tu hij@ como si se tratara de la persona que más admiras.
6-Ayúdal@ y apóyal@ siempre. Al mismo tiempo, rétal@ para que crezca.
7-No l@ juzgues por un hecho del pasado. Tod@s cometemos errores.
8-Respeta su libre albedrío y muéstrale que hay muchos caminos para escoger.
9-Edúcal@ en valores, pero recuerda que sus valores no son los tuyos.
10-Enséñal@ a liderar su vida y será una persona responsable.

¿Qué te parece? ¿Voy bien?

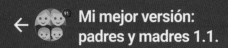
¡Buenos días, hij@!

¡Ahí van otras 10 pautas!:

11-Di lo que piensas, haz lo que dices. Tu ejemplo es su mejor lección.

12-Tú, yo y el Universo formamos parte de una misma cosa. ¡No lo olvides!

13-Contribuir con las personas y el ecosistema es un gran acto de amor . Practica con tu ejemplo.

14-Comparte tu tiempo ⌛ con ell@s. Lo mejor de la vida verles crecer a tu lado.

15-Practica la sinceridad y la confianza con tu hij@. Regresará a ti multiplicado.

16-Muéstrale todo lo que aprendiste de cada fracaso. Y se levantará fácilmente.

17-No afirmes, pregunta ¿?. De este modo, tu hij@ aprenderá a decidir por sí mism@.

18-Muéstrale sus alas y enséñal@ a volar.

19-Persigue tus sueños y tu hij@ no abandonará los suyos.

20-Que tu ejemplo sea fuente de amor y armonía en la familia.

Eres una fuente de inspiración para mi vida y eso hace que me esfuerce a diario para alcanzar mi mejor versión.

¡Gracias, hij@!

¡Hola, hij@!

La entrega es un acto de amor incondicional. Un ejercicio de desapego que te libera de lo que te esclaviza y te acerca a aquello por lo que vale la pena vivir. Quizá tardes un tiempo en interiorizarlo, pero es así.

Del mismo modo, tod@s somos lo que somos a causa de los demás y cualquier cosa que pasa nos afecta a tod@s, en mayor o menor medida.

¡No des la espalda a quienes te necesitan! Todos somos iguales y tenemos las mismas necesidades. Contribuye a que la abundancia de nuestro Universo sea patrimonio de todos: hay para todos, hay suficiente.

Y no olvides que cualquier cosa que haces nos afecta a tod@s.

 37 % 08:09

¡Buenos días, hij@!

Sólo hay una cosa que sana tu cuerpo, revitaliza tu alma y soluciona todos los males de este mundo: el amor 💕.

Grábate esta frase a fuego: basa tu vida en el amor 💕. Ama a tu familia 👨‍👩‍👧‍👦, a tus amigos e incluso a tus enemigos; ama cualquier acontecimiento que se presente en tu vida, por triste que sea, tod@s los que llegan a tu vida y todo lo que te ocurre tienen la misión de enseñarte algo.

El amor 💕 transciende a niveles que el mundo aún no conoce. Practícalo a diario.

Sólo hay una cosa en el mundo 🌍 que cuanto más la repartes, más tienes... y ahora ya sabes de qué se trata.

🖤 🖤 🖤

¡Hola, hij@!

El amor que siento por ti no puede describirse con palabras, pero aprovecharé estos últimos días para intentarlo.

Te he visto nacer, crecer, aprender a volar… Hemos vivido tantos momentos junt@s, que no puedo recordarlos todos. Pero sí recuerdo muchas de las risas, los llantos, las noches de Reyes, los primeros amores, algunas broncas, los secretos compartidos y el calor de tus abrazos.

No importa si estás cerca o lejos, el amor incondicional hace que las personas a las que amas siempre estén presentes. Y así es mi amor por ti.

Sentir tu complicidad ha sido mi mayor motivación para desear ser una mejor persona.

¿Y tú, hij@?

¿Recuerdas todos los momentos compartidos desde que naciste? 👧 De vez en cuando, trata de recordar alguno y verás que, incluso en nuestra peor bronca, reconoces el inmenso amor 💕 que siento por ti.

¡No lo olvides! Tú eres la persona más importante de tu vida. Si te amas profundamente a ti mismo, amarás mejor a los demás. 🖤

No dejes que nada ni nadie perturbe tu vida y, cuando surja algún problema, recuerda lo que decía Einstein : «Ningún problema puede resolverse desde el mismo plano que se creó». Así que toma distancia y ayúdate de nuevas perspectivas para encontrar una solución.

Esta práctica te convertirá en un@ estratega ejemplar.

¡Buenos días, hij@!

Ahora que mi propósito llega a su fin, te diré que existe un tipo de amor , que sólo se experimenta al ser padres. 👫

A partir de ese momento, tu concepto de la responsabilidad se amplía, empiezan a interesarte cosas que jamás imaginaste y te sorprendes al descubrir una poderosa fuerza interior ⭐ que habita en ti.

Pero esto no es todo, un amor 💕 profundo e inmenso comienza a despertarse en ti, con la fuerza de un huracán 🌪 que cada día crece. Tanto es así, que en algún momento te asusta que se lo lleve todo por delante.

Pero el tiempo, que lo ordena todo, poco a poco, te devuelve el equilibrio. Aunque ese amor 🖤 incondicional se queda contigo para siempre. Y un día te ves a ti mism@ inventando nuevas formas de comunicarte con tus hij@s 👫, para que todo lo que la vida te ha enseñado siga alimentando a las futuras generaciones.

Gracias por descubrirme todo el amor 💕 que hay en mí.

¡Hola, hij@!

Otra cosa que descubrí con tu llegada al mundo es que mis prioridades cambiaban de orden. Y esto no es mejor ni peor, simplemente, es un efecto colateral que conlleva el hecho de tener hij@s.

Por ejemplo, desde que descubres que un bebé 👶 va a llegar a tu vida, los niñ@s del mundo adquieren una dimensión diferente; se hacen más visibles y ya no puedes ignorar su dolor.

Del mismo modo, los diferentes conflictos del planeta 🌍, que hasta ese momento no te afectaban demasiado, se convierten en una realidad que te quita el sueño 💤, porque la reconoces como tuya y también de ese pequeño ser que has traído al mundo.

Nada te duele como un hij@ y su llegada te inspira para hacer de este mundo un lugar mejor.

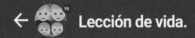

¡Buenos días, maestr@!

Sí, sí, has oído bien. Cada hij@ es un@ maestr@ que trae mil lecciones bajo el brazo y tú no ibas a ser menos.

Aunque pareciera que cuando decides traer a un hij@ al mundo ya lo tienes todo aprendido... ¡Nada más lejos de la realidad! La vida es un continuo aprendizaje y siempre hay maestr@s que te acompañan y un camino por recorrer.

Gracias a ti, he afrontado mis mayores miedos y he dado luz a mis sombras más oscuras, no sin antes pelearme con ellas; en tu espejo se han reflejado mis peores defectos, aun cuando en un principio yo creyera que no eran míos; y en tu amor 💕, he hallado la paz y la aceptación para crecer.

¡Un millón de gracias 😘 😘 😘, maestr@!

¿Cómo estás, hij@?

Mañana habré cumplido con el compromiso de enviarte mi amor por mensaje durante 100 días consecutivos.

Para mí, ha sido una experiencia extraordinaria y deseo que para ti también haya sido algo especial.

Sé que algunos días habrás recibido mis palabras con ilusión; otros, sin embargo, habrás pensado «¡Uf, otra vez!». Algunos mensajes te habrán proporcionado momentos inspiradores y, otros, quizá hayas sentido que no iban contigo. Pero así es la vida, ¿recuerdas?, con su cara y su cruz.

De todos modos, el amor nunca cae en saco roto y estoy segur@, que en un momento u otro, te servirán todas y cada una de mis palabras.

Un abrazo enorme.

¡Buenos días, hij@!

Durante 100 días, he querido transmitirte aquellos valores, conocimientos y aprendizajes que más han marcado mi vida. Y con cada mensaje hemos tenido un motivo para la reflexión y el diálogo.

Mantener viva nuestra comunicación, establecer y preservar un vínculo de confianza y demostrarte mi amor incondicional forma parte de mi propósito de vida.

¡Y siento que junt@s lo hemos conseguido!

Sólo me queda decirte que no quiero perderme ni un minuto de nuestra vida y que recuerdes la importancia de hacer llegar tus sentimientos a aquellos que más quieres, aunque para ello tengas que retarte a ti mism@ e inventar una nueva fórmula para llegar a sus corazones.

Tú me inspiraste este libro . Deja que el amor fluya en ti y te sorprenderás creando cosas maravillosas.

¡Te amo!

Epílogo

Tu responsabilidad como padre o madre va mucho más allá de cubrir las necesidades básicas de tu hijo e, incluso, de procurarle una buena educación y arrullarlo con tu amor incondicional. Si no te queda claro de qué estamos hablando, puede que estés mezclando los conceptos «obligación» y «responsabilidad». Si aun así, te sigues preguntando qué puede haber más allá del amor incondicional, atento a la respuesta: nada, más allá no hay nada. Pero, más acá e incluso estando implícito en la incondicionalidad de la energía que todo lo puede y todo lo transforma, existe un amplio abanico de posibilidades que conforman esa responsabilidad.

Como cualquier padre o madre, amas a tus hijos y deseas lo mejor para ellos, pero ante la difícil tarea de educar, surge la eterna duda: cómo lo haces. En el intento de educarles de la mejor manera, te das de bruces con las normas establecidas por la sociedad, la cultura, la religión y, por si fuera poco, con el peso de tus creencias. Condicionado por todo ese arsenal, el resultado no es el mejor para tus hijos.

Quizá no se trata tanto de educar a tus hijos como de educarte a ti mismo. ¡Inténtalo! Es un proceso extraordinario en el que descubrirás que apoyar y retar a tus hijos, en la misma proporción, les otorgará el equilibrio necesario para que puedan dirigir su propia vida; entenderás que la motivación es una herramienta externa que no depende de ellos, no obstante, la inspiración está siempre disponible porque surge del interior; comprenderás que educar a un hijo no es decirle qué tiene que hacer y cómo, sino enseñarle a discernir y elegir qué hacer en cada momento; conocerás y aceptarás que sus valores no son los mismos que los tuyos; aprenderás a mostrarte tal y como eres, con tus aciertos y tus errores; y, sobre todo, encontrarás en tus hijos a los mejores maestros que te proporcionará esta experiencia terrenal.

La vida, como tal, es un ciclo sin fin y, en esa reiteración constante, has cogido la costumbre de dar por entendidas muchas de las cosas que hoy han caído en el olvido, por eso te remites a la obviedad: lo que te apasiona, lo que te disgusta, el amor que sientes por los que te rodean, tu propósito en la vida... Tanto es así, que ni te cuestionas nada o, lo que es peor, te niegas a perder el tiempo averiguando lo que parece obvio, aunque en realidad no lo es.

¡Imagínate! Si como adulto no tienes claras tus preguntas ni conoces tus respuestas, con qué autoridad moral cuestionas la vida de tus hijos y les pides coherencia.

Acepta que no lo sabes todo, que, a pesar de ser padre o madre, sigues teniendo asuntos por resolver —de hecho, será así hasta el final de tus días— y desde esa verdad, tus hijos captarán con facilidad el enorme potencial de tu trayectoria personal y confiarán en ti. Es justo ahí —en ese punto en el que la aceptación de tu incertidumbre se hace visible— donde se desdibuja la frontera del más allá para que, en el más acá, tomes las riendas de tu vida y entiendas que la responsabilidad de ser padres se corresponde con un proceso creativo, sin precedentes, en el cual todo está por inventar y por descubrir.

¡Acepta el reto y activa tu compromiso! Desde el amor, la creatividad y la conciencia de que cada experiencia es única podrás acceder a tu mejor versión y acompañar a tus hijos en el camino hacia la suya.

Índice

Agradecimientos 9

Introducción 11

Cada día te enviaré un mensaje .... Día 1

¿Qué te hace saltar de la cama? .... Día 2

Gracias, gracias, gracias .... Día 3

Una fórmula para el éxito .... Día 4

Donde está tu interés, está tu energía .... Día 5

Crea entusiasmo; crea emociones .... Día 6

Solo tú eres responsable de tu vida .... Día 7

Hazte preguntas más allá de tus límites .... Día 8

Un día de descanso .... Día 9

Confía en tu intuición .... Día 10

Acepta los días tristes .... Día 11

Deja que todo fluya .... Día 12

Una prueba cada día .... Día 13

Baila con las emociones .... Día 14

Cuida tu alma y ganarás todas las batallas vitales .... Día 15

Conócete a ti mism@ y después, decides .... Día 16

Vigila con las etiquetas .... Día 17

Tu destino es tu decisión .... Día 18

Operación familia .... Día 19

Cada día es un nuevo paso hacia tu objetivo .... Día 20

Los hábitos se consolidan a los 21 días .... Día 21

Ríete y tus días serán mejores .... Día 22

Escribe 10 cosas por las que estás agradecido .... Día 23

No caigas en la trampa de la rutina .... Día 24

Siéntete orgulloso de tus días .... Día 25

La vida es una moneda .... Día 26

Actúa como si no pudieras fracasar .... Día 27

Creer para ver o ver para creer .... Día 28

La salud, la eterna olvidada .... Día 29

La magia de escribir lo que piensas y lo que sientes .... Día 30

El valor de la familia .... Día 31

La amistad, esa difícil asignatura .... Día 32

Power time .... Día 33

¿Qué celebramos hoy? .... Día 34

Día de resaca .... Día 35

Organiza tu tiempo .... Día 36

Aprender y decidir .... Día 37

La disciplina del sueño .... Día 38

No caigas en el yugo de las redes sociales .... Día 39

Fracasa para tener éxito .... Día 40

No le tengas miedo al miedo .... Día 41

Lee y ahorra .... Día 42

Ordena tu habitación; ordena tu mente .... Día 43

Escribe tus momentos estelares .... Día 44

Si quieres que alguien cambie, cambia tú .... Día 45

No hagas caso de lo que digan, escucha tu corazón ..... Día 46

La magia de seguir tu sueño .... Día 47

Una fe inquebrantable .... Día 48

El Universo y tú .... Día 49

Todo lo que se hace desde el amor, persiste .... Día 50

¿Qué harías si te quedaran 24 horas de vida? .... Día 51

La suposición es otra trampa de la mente .... Día 52

Los cuatro acuerdos .... Día 53

Sé la mejor versión de ti mismo 1.1 .... Día 54

Sé la mejor versión de ti mismo 1.2 .... Día 55

Sé la mejor versión de ti mismo 1.3 .... Día 56

Una frase para tu epitafio .... Día 57

Universo dual .... Día 58

Nadando en la abundancia .... Día 59

Máster en economía - Clase 1 .... Día 60

Máster en economía - Clase 2 .... Día 61

Vive la vida... a tu manera .... Día 62

Escribe tu propósito .... Día 63

Haz lo que amas y ama lo que haces .... Día 64

Escribe lo que sientes .... Día 65

Haz posible lo imposible .... Día 66

Persevera y lo conseguirás .... Día 67

Confía en ti mismo 1.1 .... Día 68

Confía en ti mismo 1.2 .... Día 69
El mapa del tesoro .... Día 70
Tu humor repercute en ti y en los demás .... Día 71
Aprende a ser humilde .... Día 72
Amor incondicional .... Día 73
No pierdas la esperanza .... Día 74
Cultiva el altruismo .... Día 75
Aprende a querer lo que tienes y tendrás lo que quieres .... Día 76
El dinero: ángel y demonio .... Día 77
Aplica tu conocimiento .... Día 78
Amar, comprender o perdonar .... Día 79
Despídete de la mediocridad .... Día 80
Nunca y siempre .... Día 81
El tiempo lo cura todo .... Día 82
La magia de los detalles .... Día 83
Cuida tu cuerpo con amor .... Día 84
Receta para dormir como un bebé .... Día 85
Volver a empezar .... Día 86
Educación para la vida .... Día 87
La coherencia es poder .... Día 88
Haz de tu vida un reto .... Día 89
Mi mejor versión: padres y madres 1.0 .... Día 90
Mi mejor versión: padres y madres 1.1 .... Día 91
Eres parte del Universo .... Día 92
El amor .... Día 93
Describiendo el amor .... Día 94
Recordando el amor .... Día 95
Descubriendo el amor .... Día 96
Cuestión de prioridades .... Día 97
Lección de vida .... Día 98
Transmite lo que sientes .... Día 99
Te amo .... Día 100

Epílogo 123